Analyse d'œuvre

Rédigée par I

Les Fleurs
du mal

de Baudelaire

Profil
Littéraire

CHARLES BAUDELAIRE

- Né en 1821 à Paris.
- Mort en 1867 dans la même ville.
- **Quelques-unes de ses œuvres :**
    - *Les Paradis artificiels* (essai, 1860)
    - *Le Peintre de la vie moderne* (recueil d'essais, 1863)
    - *Petits poèmes en prose ou le Spleen de Paris* (recueil de poésie, 1869)

Dandy ténébreux, artiste bohème, poète maudit, provocateur, mystificateur : les qualificatifs sont des plus séduisants dès qu'il s'agit de décrire Charles Baudelaire. Séduisants ? À nos yeux d'aujourd'hui peut-être. Mais en un temps d'ordre moral, le vice n'est pas quelque chose qu'on prend à la légère. On poursuit, on bannit, on exile tout qui se vanterait un peu trop haut de n'être pas comme les autres. Baudelaire est de ceux-là. Mais l'histoire lui a donné raison. Si la noirceur de l'âme, la tentation du vice, les tortures de l'esprit passent de nos jours pour des sujets poétiques emplis d'un charme tout satanique, c'est à lui que nous le devons.

Poète né, Baudelaire est venu à la littérature sans autre bagage que son âme passionnée et tourmentée. Dans sa jeunesse, il a lu les romantiques, mais arrive trop tard pour en faire partie. D'ailleurs, son tempérament ne l'y pousse pas. Attiré par le style froid et marmoréen du Parnasse, il s'en écarte là aussi très tôt, appelé par une inspiration plus authentique. D'emblée, Baudelaire affirme son originalité et sa profonde modernité. *Les Fleurs du mal* (1857) feront de lui un des plus grands poètes de son siècle et de l'histoire.

LES FLEURS DU MAL

- **Genre :** poésie romantico-parnassienne.
- **1re édition :** en 1857.
- **Édition de référence :** *Les Fleurs du mal*, Paris, Larousse, coll. « Les Petits Classiques Larousse », 1999.
- **Thématiques principales :** la beauté, l'amour, la mort, le vice, la pourriture, l'évasion et l'exotisme.

Avec ce recueil relativement court (une centaine de brefs poèmes) qu'il fait publier d'abord en 1857 puis en 1861, la poésie subit une révolution... mais elle ne le sait pas encore. À sa sortie, l'œuvre fait ce qu'on appellerait aujourd'hui un flop. Pire : certaines critiques plus acérées attirent sur la tête de l'auteur les foudres de la justice. Résultat : une amende et une mention de censure. Difficile à imaginer cela aujourd'hui pour de la poésie !

Il faut dire que les sujets que Baudelaire aborde sont passablement scandaleux et pourraient encore choquer de nos jours. L'amour y côtoie la mort – sujet éculé, dirions-nous, mais ce serait oublier que la mort est chez Baudelaire plus qu'une idée abstraite et lointaine. Avec lui, elle s'accompagne de tout un cortège de démons : la luxure, la pourriture, l'angoisse, le désespoir...

Et pourtant, malgré les horreurs décrites, malgré le sort fatal du poète voué au spleen, c'est encore la Beauté qui domine. Taillés dans une forme impeccable, fruits d'un long travail d'orfèvre, les poèmes des *Fleurs du mal* se lisent et se relisent sans jamais s'épuiser. On les hume, on les cueille, et toujours elles repoussent, ces fleurs nées dans la nuit, et qu'on pique dans nos cœurs pour les y garder à jamais.

LA VIE DE BAUDELAIRE

| Portrait de Charles Baudelaire par Étienne Carjat, vers 1862.

LES DÉBUTS D'UNE VIE DE BOHÈME

Né le 9 avril 1821 à Paris, Charles Baudelaire a eu deux pères. Le premier, François Baudelaire (1759-1827), un ancien prêtre également artiste-peintre, est déjà veuf d'une première femme lorsqu'il se remarie avec Caroline Dufays (1793-1871), future mère de Charles. Quelques années après la naissance de l'enfant, François Baudelaire meurt. Caroline se remarie alors avec un général, Jacques Aupick (1789-1857). Celui-ci les emmène à Lyon, où Charles effectue une partie de sa scolarité, avant de revenir à Paris. L'enfant à l'âme d'artiste aura des rapports plus que houleux avec ce second père autoritaire.

Comme on l'imagine, c'est à l'adolescence que le jeune homme développe son caractère fantasque. Bien que doué à l'école, il s'en fait renvoyer une fois à cause de son comportement et, bien qu'inscrit en faculté de droit, il ne mènera jamais de vraies études. Au lieu de cela, il commence vers 1840 à développer des relations dans le milieu artistique, rejoignant momentanément un groupe d'écrivains réunis sous la bannière d'« école normande ». Il rencontre Gérard de Nerval (1808-1855), Théophile Gautier (1811-1872) et Théodore de Banville (1823-1891). Il fréquente également les prostituées et attrape la syphilis. Devant tant de dissolution, son beau-père, tout militaire, décide en 1841 de redresser ce mauvais fils en l'envoyant aux Indes : Baudelaire part, mais ne dépasse pas l'île Maurice et la Réunion. Il revient en France début 1842, loin d'avoir appris la leçon. Au contraire, en cette année qui lui fait atteindre la majorité (21 ans), il demande à entrer en possession de l'héritage de son père, une forte somme qu'il se sent bien prêt à dilapider dans un train de vie dispendieux.

En effet, Baudelaire, qui n'est pas encore vraiment un poète – du moins pas un poète publié –, mène une existence de dandy amateur d'art, achetant antiquités et livres rares, déménageant de nombreuses fois à travers Paris, emménageant même sur l'île Saint-Louis, où il fréquente un cercle de consommateurs de drogues exotiques : le club des haschischins. C'est également à ce moment (1842-1843) qu'il fait la rencontre des deux femmes qui compteront le plus dans sa vie : Jeanne Duval (vers 1820-1862), une comédienne, fille facile aux nombreux amants, et Apollonie Sabatier (1822-1890), une femme mariée de la bourgeoise qu'il aimera longtemps d'un amour platonique.

À nouveau, la famille réagit aux excès du fils prodigue, qu'elle décide de placer sous tutelle judiciaire, une mesure infamante qui empêche désormais Baudelaire de disposer de sa fortune à sa guise.

LE POÈTE MAUDIT

En revanche, il entre en pleine possession de sa plume et se met à publier vers 1845. Amateur d'art, il commence par faire paraître un compte-rendu du Salon de 1845, puis de celui de 1846. Une nouvelle, *La Fanfarlo*, sort en 1847. Ses premiers poèmes paraissent également, notamment « À une dame créole », premier en date de ce qui constituera plus tard *Les Fleurs du mal* sans encore porter ce titre. Mais avant cela, l'autre grand œuvre de la vie de Baudelaire, c'est la traduction des contes d'un écrivain américain qu'il a découvert et tout de suite adulé : Edgar Allan Poe (1809-1849).

La publication de ces traductions (en revues à partir de 1848, puis en recueils à partir de 1856), ainsi que d'une étude sur l'écrivain en 1852, introduit auprès du public français cet auteur alors peu connu et mal aimé outre-Atlantique. La grande qualité littéraire des traductions – plus d'ailleurs que leur exactitude parfois problématique – fait qu'elles en constituent aujourd'hui encore la version française « officielle » et sont même – par le fait d'une assimilation étonnante – considérées comme partie intégrante des œuvres de Baudelaire ! De plus, Baudelaire s'assimile à Poe et à son parcours, cristallisant dans l'esprit français la figure du poète maudit dans laquelle il se reconnaît, ainsi que beaucoup d'autres après lui.

Entre-temps, le chantier des *Fleurs du mal* avance. Le recueil a changé deux fois de nom, passant des *Lesbiennes* aux *Limbes* avant de trouver en 1855 son titre final, suggéré au poète par un confrère aujourd'hui complètement oublié : Hippolyte Babou (1823-1878). *Les Fleurs du mal* ne sont pas pour Baudelaire qu'un simple recueil de poésie : elles sont le recueil, celui qui concentre toute son inspiration, tous ses efforts, toute son âme. Fruit d'un travail intense, le livre est finalement publié dans une première version en 1857 chez Poulet-Malassis et de Broise. Les réactions restent discrètes. Quelques confrères de l'avant-garde littéraire marquent leur admiration, notamment Gautier et Jules Amédée Barbey d'Aurevilly (1808-1889). En revanche, les thèmes sulfureux et le vocabulaire parfois cru et suggestif choquent la société bien-pensante et les critiques attitrés. Tant et si mal que, moins de deux mois après la sortie, l'auteur et ses éditeurs sont poursuivis en justice pour outrage aux mœurs. Au terme de ce procès, Baudelaire se voit condamné à payer 300 francs d'amende et à retirer six pièces de son recueil. En cette même année 1857, Gustave Flaubert (1821-1880) est lui aussi poursuivi pour son roman *Madame Bovary* ; il sera quant à lui acquitté.

La condamnation de son recueil affecte douloureusement Baudelaire, obligé de remanier l'ensemble, dont il fournit une seconde édition augmentée en 1861, non sans avoir publié auparavant une traduction des *Aventures d'Arthur Gordon Pym* de Poe en 1858, un Salon de 1859 et *Les Paradis artificiels* en 1860. En 1862, il rédige des notices sur quelques contemporains qui l'ont marqué (Hugo, Gautier, Borel, Banville). Ses recherches sur le poème en prose mènent à l'écriture du *Spleen de Paris* qui sera publié en 1869, à titre posthume.

Sa vie privée est agitée. Ses relations avec Jeanne Duval sont en dents de scie, et il souffre de problèmes de santé qui n'iront qu'en s'aggravant. En 1861, il présente sa candidature à l'Académie française, dont il se voit débouté. En 1864, poursuivi par des problèmes d'argent, il part en Belgique pour une tournée de conférences. Mais son insuccès, couplé à son état physique et à sa mélancolie, lui font développer un vif dégoût pour ce pays, qu'il exprimera dans le triste *Pauvre B.* (inachevé). Il prend également, depuis 1859, des notes pour une autobiographie qu'il veut appeler *Mon cœur mis à nu*. En 1865, ses troubles névralgiques le reprennent. En 1866, il s'évanouit à Namur et est rapatrié à Bruxelles puis à Paris, où il est hospitalisé. Il décède le 31 août 1867.

ANALYSE DES *FLEURS DU MAL*

LA STRUCTURE

On ne résume certes pas un recueil de poésie comme un roman. L'exercice n'est cependant pas vain en ce qui concerne *Les Fleurs du mal*, dont la structure a été pensée comme un tout cohérent, avec un début, un développement, une fin, mais aussi plusieurs sections (5 puis 6), elles-mêmes réparties en cycles thématiques. Baudelaire considérait d'ailleurs l'architecture de son recueil comme un argument valable lors de son procès, arguant qu'on ne pouvait isoler une pièce pour la juger séparément de l'ensemble.

Or, si on veut bien accepter que la structure des *Fleurs du mal* fasse partie intégrante de leur compréhension, il faut alors considérer qu'il existe (au moins) deux recueils possibles : l'édition de 1857 et celle de 1861, qui sont les deux versions vraiment assemblées par leur auteur de son vivant. L'édition de 1857 comprend 100 poèmes (+ 1), répartis en cinq sections de longueurs inégales ; dans celle de 1861, Baudelaire supprime les 6 poèmes pour lesquels il a été condamné, en ajoute 32 autres pour un total de 126 (+ 1), et remanie quelque peu l'ordre global, qui comporte maintenant 6 sections :

- « Spleen et Idéal » : la plus longue (85 poèmes (3/4), pour 77 (2/3) dans l'édition de 1857) ;
- « Tableaux parisiens » : section nouvelle créée pour l'édition de 1861 (18 poèmes) ;
- « Le Vin » : section restée inchangée dans son contenu (5 poèmes), mais qui a été remontée en troisième place entre 1857 et 1861, modifiant la compréhension de l'ensemble ;
- « Fleurs du mal » : partie la plus sulfureuse, dans laquelle on trouve, sur les 12 poèmes de 1857, 3 ayant fait l'objet de la censure (n'en laissant donc plus que 9 en 1861) ;

- « Révolte » : 3 poèmes (inchangés) ;
- « La Mort » : 3 poèmes en 1857, 6 en 1861 ; autrement dit Baudelaire change la fin de son histoire, pour parler en termes de roman.

Pour être complet, signalons encore que deux éditions suivantes, en 1866 (une plaquette intitulée *Les Épaves*, publiée en Belgique) et 1868, ajoutent au corpus une trentaine de poèmes.

ENTRE IDÉAL ET SPLEEN

L'ensemble se veut le récit d'un parcours spirituel, celui du poète que ses aspirations attirent vers le haut (l'idéal), mais que l'échec, l'ennui et le vice entraînent immanquablement vers le bas (le spleen). Dans cette longue et vertigineuse chute aux enfers, quelques échappatoires semblent offrir une consolation temporaire : l'art, l'amour, le vin... Mais elles n'empêchent pas le désespoir de s'installer, et le poète, désormais vaincu, n'a plus d'autre choix que de chanter le mal, la révolte et la mort.

La portée se veut englobante (de la naissance à la mort) et universelle : Baudelaire parle de lui-même, mais aussi de tout poète, voire de tous les hommes.

Il nous invite d'abord à nous joindre à lui. Dans « Au lecteur », il nous peint du monde un tableau des plus noirs, dominé par le vice, et en particulier le pire d'entre eux : l'Ennui. Nous voici à la porte des enfers, et le poète, qui se dit notre « semblable », notre « frère », se propose d'être notre guide, tel le Virgile de la *Divine Comédie* de Dante (1265-1321).

Comme son nom l'indique, la section « Spleen et Idéal » se développe autour d'une alternance : d'un côté, l'idéal que l'on veut atteindre ; de l'autre, la mélancolie (le spleen) née de l'impossibilité d'y arriver.

Cette fatalité de l'existence que tout homme connaît, le poète la vit à un degré supérieur. Maudit de naissance (« Bénédiction »), sa sensibilité exacerbée l'amène à deviner l'idéal avec plus de précision que les autres, et partant, à subir le spleen avec plus de douleur.

Pour échapper aux horreurs du monde, le poète propose divers moyens : l'art, la beauté, l'amour, l'exil et les drogues. L'amour l'occupe en grande part, sous les traits de femmes réelles ou rêvées : Jeanne Duval, Apollonie Sabatier, Marie Daubrun, d'autres encore. Mais tous ces moyens s'avèrent vains et ne l'empêchent pas de se perdre dans les affres de l'ennui, de l'angoisse et de la déréliction.

La part du spleen devient de plus en plus importante à mesure que la lecture avance. Cette progression est rendue plus sensible dans l'édition de 1861. À la fin de la section « Spleen et Idéal », le poète finit par assumer sa part d'obscurité. Il comprend que, pour résoudre son conflit intérieur, il doit embrasser le mal et y trouver son inspiration. Il attrape « le goût du néant », trouve l'« horreur sympathique », évoque un « mort joyeux ». Il va jusqu'à élaborer une « alchimie de la douleur » qui renvoie à la signification générale du recueil : il faut trouver dans le mal une source de beauté, cueillir les fleurs grandies dans la fange, les « fleurs [nées] du mal ».

Finalement, le poète arrive au fond du gouffre, et y trouve... un miroir. Car la douleur suprême de l'âme, c'est d'être conscient de sa douleur. Le mal, en se réfléchissant dans la conscience, s'amplifie. Au final, plus aucun espoir ne subsiste, et l'idée même d'une rémission disparaît, comme le suggère le poème « L'Irrémédiable ».

Le recueil, pourtant, continue. Mais là où l'édition de 1857 enchaînait tout de suite sur « Fleurs du mal », l'édition de 1861 insère ici les nouveaux « Tableaux parisiens » ainsi que « Le Vin », auparavant en avant-dernière position.

Les « Tableaux parisiens » sont célèbres pour concentrer la fameuse modernité baudelairienne. En effet, peu avant lui avaient chanté la ville. Le poète s'y présente comme un vagabond urbain, cherchant, pour oublier sa peine, à se perdre dans les illusions de la grande cité. Alors que « Spleen et Idéal » était un parcours essentiellement « en chambre », les « Tableaux parisiens » s'ouvrent sur le dehors et sur les autres frères humains, aussi malheureux soient-ils. Mais une fois passée la lumière du soleil, l'expérience ne s'avère guère rassurante : pauvreté, saleté, mensonge, perdition et mort dominent le paysage. Rappelons que Baudelaire a connu la transformation radicale de Paris par le baron Georges Eugène Haussmann (1809-1891) et s'en est trouvé, comme beaucoup d'autres, déboussolé (« Le Cygne »).

« Le Vin », c'est l'ivresse, le faux bonheur procuré par les paradis artificiels, les drogues de tous acabits. En plaçant cette consolation temporaire plus haut dans sa structure générale, le poète rend la chute consécutive plus terrible, puisque les trois dernières parties de l'édition 1861, « Fleurs du mal », « Révolte » et « La Mort », se trouvent ainsi concentrées en un seul mouvement dramatique. Dans « Fleurs du mal », le poète a désormais accepté son sort et se vautre dans le péché. Dans « Révolte », il abjure définitivement Dieu pour se tourner vers Satan. « La Mort » clôt le périple et peut se comprendre, soit comme l'ultime rédemption, le salut enfin retrouvé, soit comme l'ultime condamnation, l'enfer suprême et éternel.

CONTEXTE

CONTEXTE LITTÉRAIRE

Lorsque les *Fleurs du mal* paraissent pour la première fois en 1857, le champ littéraire français est traversé par trois courants principaux.

Le romantisme, qui avait connu ses heures de gloire autour de 1830, s'essouffle considérablement depuis le milieu des années 1840, bien que certains de ses représentants, comme Alphonse de Lamartine (1790-1869), continuent d'écrire, fussent-ils retirés (Alfred de Vigny) ou exilés (Victor Hugo). Alfred de Vigny (1797-1863) rédige les derniers poèmes des *Destinées*, tandis que Victor Hugo (1802-1885), en exil à Guernesey, travaille sur la première partie de la *Légende des siècles* (1859) après avoir publié *Les Contemplations* (1856). Au rang des disparus récents, on compte Alfred de Musset (1810-1857), mort cette année, et Gérard de Nerval (1808-1855), suicidé deux ans plus tôt.

Désormais, le flambeau de la poésie est repris par l'école du Parnasse. Ses tenants, parmi lesquels Théophile Gautier (*Émaux et camées*, 1852, nouvelle édition en 1859), Théodore de Banville (*Odelettes*, 1856 ; *Odes funambulesques*, 1857) et Charles Marie Leconte de Lisle (1818-1894) (*Poèmes antiques*, 1852, 3e édition en 1858), refusent l'exaltation du lyrisme romantique et prônent un idéal de beauté d'où le sentiment doit être absent. Leur art se veut détaché de toute considération utilitaire ou morale, d'où leur autre appellation d'école de l'art pour l'art.

Enfin, le réalisme, surtout marqué dans le roman, s'inscrit à la suite d'Honoré de Balzac (1799-1850) et de Stendhal (1783-1842) en cherchant à décrire le monde et les hommes tels qu'ils sont, sans les idéaliser ni les enrober d'artifices. Gustave Flaubert, même s'il refuse l'étiquette, se distingue par ses prétentions au réalisme, lui qui publie *Madame Bovary* en cette même année 1857 et qui écope, comme Baudelaire pour ses *Fleurs du mal*, d'un procès, pour lequel il sera néanmoins, lui, acquitté.

Parallèlement à ces mouvements d'avant-garde ou d'arrière-garde littéraires, la littérature populaire se développe également grâce à un lectorat urbain de plus en plus étendu. Citons notamment *Les Mystères de Paris* (1842-1843) d'Eugène Sue (1804-1857) et bientôt *Les Misérables* (1862) de Victor Hugo.

Les Fleurs du mal participent du romantisme comme du Parnasse, tout en cherchant à les dépasser, affirmant ainsi leur grande modernité. Elles s'opposent en revanche au réalisme, en privilégiant l'imagination sur l'imitation : plutôt que de chercher à décrire le monde réel dans sa finitude, Baudelaire préfère la création de mondes nouveaux et l'aspiration à l'infini. Néanmoins, elles s'en rapprochent partiellement par certains thèmes triviaux.

CONTEXTE POLITIQUE ET BIOGRAPHIQUE

En 1857, le gouvernement de la France est le Second Empire, instauré par Louis-Napoléon Bonaparte (1808-1873) suite au coup d'État du 2 décembre 1852, qui met fin à la courte restauration de la République qu'avait permise la Révolution de 1848. Baudelaire, qui a participé à cette révolution aux côtés d'autres écrivains comme Lamartine, Gautier ou Nerval, était alors encore empreint d'idéaux utopiques, entrevoyant avec espoir une ouverture vers un monde meilleur. Mais devant le régime autoritaire instauré par l'Empire, où la presse et la morale publique sont étroitement surveillées, il déchante et n'éprouve plus que déception. Il est tentant de percevoir dans cette évolution l'amorce d'une chute de l'idéal au spleen, telle que les *Fleurs du mal* la dépeindront.

De même, la pose artistique du poète en paria face à une société bourgeoise se comprend d'autant mieux dans le contexte d'une France napoléonienne régie par des valeurs d'utilitarisme et de progrès. C'est à cette époque d'ailleurs que le visage même de Paris se transforme, transfiguré par les grands travaux du baron Haussmann, qui affecteront grandement Baudelaire.

Par ses fréquentations comme par ses goûts, Baudelaire fait partie de la bohème parisienne, une position sociale qui implique, on s'en doute, une certaine forme de marginalité, qu'accompagnent généralement le goût de la provocation et l'anticonformisme. Baudelaire était d'ailleurs un dandy. Faut-il voir là une préfiguration du poète maudit ? En tout cas, ces traits permettent d'expliquer au moins en partie le côté scandaleux et sulfureux du recueil baudelairien.

AUTRES INFLUENCES MARQUANTES

Grand amateur d'art, Baudelaire garde toute sa vie un amour de la peinture, en particulier pour le romantisme d'Eugène Delacroix (1798-1863). Ses premières publications sont d'ailleurs des comptes-rendus d'expositions. Sa théorie des correspondances pourrait provenir d'une réflexion sur les liens qu'entretiennent les différents arts entre eux, éveillant chez le spectateur autant de sensations diverses gouvernées par une seule idée du Beau. C'est aussi vers cette époque que des peintres comme Camille Corot (1796-1875) et Gustave Courbet (1819-1877) atteignent leur maturité. D'autres, comme James Abbott McNeill Whistler (1834-1903) et Félicien Rops (1833-1898), font des débuts remarqués, notamment par Baudelaire.

Plus encore que des grands romantiques, *Les Fleurs du mal* sont à rapprocher des petits romantiques que furent, par exemple, Petrus Borel (1809-1859) (*Champavert, contes immoraux*, 1833 ; *Madame Putiphar*, 1839) et Aloysius Bertrand (1807-1841) (*Gaspard de la nuit*, 1842).

Leur poésie sombre, macabre, voire frénétique, les inscrit dans un romantisme noir dont le meilleur représentant reste l'Américain Edgar Allan Poe, qui a probablement exercé sur Baudelaire l'influence la plus décisive. Citons également la poétesse Marceline Desbordes-Valmore (1786-1859), dont les derniers recueils parus sont *Pauvres fleurs* (1839) et *Bouquets et prières* (1843).

Enfin, mentionnons que Baudelaire a lu et commenté l'œuvre de Thomas de Quincey (1785-1859), *Confessions d'un mangeur d'opium anglais* (1822), dont il s'inspire pour ses propres explorations stupéfiantes. Dans *De l'assassinat considéré comme un des beaux-arts* (1827), l'auteur fait passer en revue par ses personnages de grands meurtres historiques afin d'en extraire des valeurs esthétiques. Cet esprit grinçant mâtiné de mystification est également proche de celui de Baudelaire.

ANALYSE DES THÉMATIQUES

LA BEAUTÉ PERVERSE

On peut déjà, sur la seule base du titre, trouver aux *Fleurs du mal* plusieurs significations. Selon la compréhension habituelle, elles sont les fleurs produites par le mal : le poète crée de l'or à partir de la boue, du beau à partir du laid.

> « Tu marches sur des morts, Beauté, dont tu te moques ;
> De tes bijoux l'Horreur n'est pas le moins charmant,
> Et le meurtre, parmi tes plus chères breloques,
> Sur ton ventre orgueilleux danse amoureusement. [...]
> Ô Beauté ! monstre énorme, effrayant, ingénu ! (XXI. « Hymne à la Beauté »)

Mais on pourrait aussi bien se dire que le titre désigne les fleurs dont le mal serait le fruit, autrement dit les germes du mal. Enfin, la fleur du mal peut aussi désigner l'incarnation la plus haute du mal, sa quintessence, comme on dit la fleur de sel, ou la fine fleur de la société.

Quelle que soit l'interprétation retenue, l'originalité de Baudelaire est à trouver dans sa recherche de la Beauté non pas à travers les objets habituels du lyrisme romantique (la forêt, la mer, la femme, etc.), mais dans ce qui, *a priori*, ne s'y prête pas (le vice, la laideur, la décomposition, la mort). Certes, la voie a été tracée avant lui par les romantiques noirs, les frénétiques, les auteurs gothiques anglais, eux-mêmes héritiers des *graveyard poets* (« poètes de cimetières ») du XVIIIe siècle. Mais personne n'avait osé pousser comme lui la recherche esthétique jusqu'à la maladie, au vice, à la décomposition des corps, à la laideur même. Le Beau, selon Baudelaire, peut se nicher dans le bizarre, l'irrégulier, l'inattendu, mais aussi dans la douleur, la débauche, la pourriture, le blasphème. Au lieu de la chercher en Dieu, il la trouve chez le Diable, à la suite de Byron (1788-1824) qui, le premier, avait peint la beauté de Satan ange déchu.

Sa conception de la Beauté doit également beaucoup au courant parnassien, dont les tenants prônent un idéal de beauté en réaction aux excès du romantisme. Désormais, le sentiment doit être mis à distance, et aucune considération autre qu'esthétique ne doit préoccuper le poète : ni morale, ni vérité, ni utilité (« La Beauté »). Aussi le poète affecte-t-il une grande froideur, presque une absence d'émotion, encore que, pour les *Fleurs du mal*, ce ne soit pas tout à fait vrai. Le sentiment existe, mais il prend des formes essentiellement négatives, en particulier le spleen.

LE SPLEEN

La palette des sentiments éprouvés par le poète s'étend du plus dépassionné (froideur, insouciance, amertume) au plus frénétique (horreur, angoisse, révolte), en passant par les divers stades du désir (attente, instabilité, ambivalence, enchantement passager). Mais le résultat de tous ces états combinés reste encore le spleen, concept anglo-saxon relativement nouveau du temps de Baudelaire – bien qu'introduit en France déjà par Diderot – et qui correspond à ce que désignaient plus anciennement la mélancolie, la bile noire ou, plus tôt encore, le *taedium vitae* et l'*acedia*, à savoir une sorte de tristesse sans cause précise, un dégoût de l'existence, une perte de l'envie de vivre. Un psychanalyste aurait parlé de frustration. Cristallisé par les romantiques, le spleen devient avec Baudelaire le mal existentiel du siècle, un sentiment auquel il donne une couleur morbide ; plus qu'une attirance pour la mort : un goût du vice.

Voué à la dépression dans une société qui ne lui accorde aucun crédit, le poète, en proie à une sensibilité exacerbée, ne trouve pas de sens à son existence : il erre sans but, victime de l'ennui, des passions mauvaises et des pulsions de mort qui, peu à peu, le dévitalisent.

> « Je suis comme le roi d'un pays pluvieux,
> Riche, mais impuissant, jeune et pourtant très vieux,
> Qui, de ses précepteurs méprisant les courbettes,
> S'ennuie avec ses chiens comme avec d'autres bêtes. » (LXXVII. « Spleen »)

Autour de lui, les allégories s'agitent : il ne voit que Mort, Ennui, Angoisse, Haine, Vengeance, Débauche, Prostitution, Maladie, Folie… Le monde préfigure sur bien des points l'Enfer, comme il le suggère en évoquant la géhenne, le Styx, l'Érèbe, le Léthé, Charon, Proserpine. À mesure que l'espoir l'abandonne, le poète sent sa vie le quitter également. Une angoisse que renforce encore l'obsession du temps qui passe (« L'horloge »).

Pour contrer le spleen, quelques planches de salut semblent toutefois s'offrir :

- l'art en tant que création artistique ou contemplation des œuvres ;
- l'évasion vers un ailleurs, qu'il soit spatial (autre lieu), temporel (autre temps) ou imaginaire (autre monde) ;
- l'amour, qu'il soit plaisir des sens ou adoration de la femme idéalisée ;
- les paradis artificiels que procurent l'alcool et autres drogues ;
- la ville et ses illusions, la dissolution dans la foule, le transitoire, l'occasionnel, l'imprévu ;
- les ultimes recours du désespéré que sont le blasphème, le vice, la mort.

LA RECHERCHE D'UN AILLEURS

En fin de compte, la recherche perverse de la Beauté dans la laideur n'est qu'un pis-aller. Elle ne s'impose que parce que la recherche d'une beauté plus pure s'avère vaine. Le désir de cette pureté impossible prend ainsi la forme des paradis perdus ou rêvés que sont :

- l'enfance (« La Servante au grand cœur... ») ;
- un âge d'or inspiré de la mythologie (« J'aime le souvenir de ces époques nues... ») ;
- un ailleurs exotique (« L'Invitation au voyage ») ;
- un monde mythique ou imaginaire (« Un rêve parisien »).

L'AMOUR ET LA FEMME

On identifie couramment trois femmes inspiratrices auxquelles correspondraient plus ou moins trois cycles thématiques au sein de « Spleen et Idéal ». Il importe peu ici de dire à qui, de Jeanne Duval, d'Apollonie Sabatier ou de Marie Daubrun, a été dédié tel ou tel poème. Il est plus intéressant d'esquisser les différentes modalités sous lesquelles s'exprime l'amour baudelairien :

- l'amour sensuel (« La Chevelure ») ;
- l'amour platonique, idéalisé (« L'Aube spirituelle ») ;
- la femme en tant qu'amie, sœur et amante (« Le Vin des amants »), mais aussi comme ennemie (« Duellum ») ;
- les formes condamnées des amours interdites comme le lesbianisme (« Femmes damnées ») ou la prostitution (« Une nuit que j'étais près d'une affreuse Juive... ») ;
- l'amour lié à la mort : amour assassin, nécrophilie, mort des amants (« Une martyre »).

L'amour ne débouche en tout cas pas sur le bonheur, ou alors c'est un bonheur fugitif. Le vrai amour appartient, comme l'idéal, à un autre monde, où trônent des femmes mythiques, également objet de l'amour impossible du poète : Vénus, Diane, Béatrice, Écho, Eurydice, Circé, Sapho, Phryné, Cybèle, Proserpine, Elvire, lady Macbeth, Théroigne de Méricourt, Éponine.

LA VILLE, SIÈGE DE LA MODERNITÉ

Si la section des « Tableaux parisiens » concentre les poèmes prenant la ville comme décor, le reste du recueil n'est pas pour autant dominé par la nature. Au contraire, Baudelaire semble mépriser celle-ci, qu'il juge décevante, et lui préférer les paysages urbains, qui sont, comme lui, plus sombres et torturés. Rappelons néanmoins que cette section n'apparaît qu'à partir de l'édition de 1861, encore qu'elle récupère huit poèmes (sur dix-huit) qui se trouvaient avant dans « Spleen et Idéal ».

Le rapport du poète à la ville est ici tout à fait nouveau et fonde une modernité poétique qui se ressent jusqu'à aujourd'hui. Le premier, il chante la griserie du fugace, du transitoire, des rencontres de passage (« À une passante »), ainsi que ce sentiment étrange qu'un citadin peut éprouver à se sentir seul au milieu de la foule (« Les Sept Vieillards »).

Dans son existence même, Baudelaire s'est fait voir comme un poète vagabond, arpentant les rues, les ponts et les quais, un habitué des cafés où il allait souvent pour écrire. De plus, ayant grandi dans le vieux Paris, on devine son affliction devant le bouleversement apporté par l'urbanisme haussmannien (« Le Cygne »).

On lui découvre aussi une surprenante empathie pour les laissés pour compte, les vieillards, les pauvres hères qui, comme lui, semblent avoir élu la rue pour domicile, les aveugles, les prostituées...

(« Les Aveugles »). Alors qu'il passe d'habitude pour mépriser le vulgaire, Baudelaire éprouve à l'occasion une communauté d'âme avec les déshérités – à moins que ce ne soit encore qu'une projection de son propre état d'âme.

L'ÉCHEC ET LE DÉSESPOIR

Ainsi, tout le recueil balance entre désespoir et réconforts passagers, entre regain d'espoir et sentiment d'échec. L'opposition se retrouve tant à un niveau macro (les grands thèmes qui s'affrontent et s'articulent autour d'antithèses : passé/présent, ici/ailleurs, fini/infini) qu'à un niveau plus fin, au gré d'associations d'idées audacieuses.

> « Vers le ciel ironique et cruellement bleu [...] » (LXXXIV. « Le Cygne »)
> « Ô fangeuse grandeur ! sublime ignominie ! » (XXV. « Tu mettrais l'univers entier dans ta ruelle... »)
> « Je serai ton cercueil, aimable pestilence ! » (XLVIII. « Le Flacon »)

Malgré tout, toute tentative d'évasion est vouée à l'échec, de sorte que l'idéal reste inaccessible et que le spleen triomphe toujours.

Certains, comme Paul Claudel (1868-1955), ont vu en Baudelaire le poète du remords, chantant une souffrance conçue avant tout comme une expiation. En somme, sa conception serait fondamentalement chrétienne, et sa douleur ne serait qu'une autoflagellation masochiste pour se punir de ses fautes. Sans aller jusqu'à cette interprétation, on peut en tout cas percevoir à travers tout le recueil un sentiment de profonde frustration, une constante aspiration à, qui se traduit par la structure même des poèmes. La phrase s'élève lentement vers le sublime, avant de retomber brutalement vers le sol, ménageant souvent un effet de surprise en fin de poème.

> « Ses yeux polis sont faits de minéraux charmants,
> Et dans cette nature étrange et symbolique
> Où l'ange inviolé se mêle au sphinx antique,
> Où tout n'est qu'or, acier, lumière et diamants,
> Resplendit à jamais, comme un astre inutile,
> La froide majesté de la femme stérile. » (XXVII. « Avec ses vêtements
> ondoyants et nacrés... »)

La recherche du bonheur étant vouée à l'échec, il ne reste plus au poète qu'à se tourner en lui-même (d'où les thèmes du miroir et du souvenir), à fuir la réalité par le sommeil et le rêve, à se réfugier dans la nuit, le néant, le vide, le gouffre ; voire à embrasser la mort par le suicide.

CHAMPS LEXICAUX IMPORTANTS

On peut relever plusieurs champs lexicaux prédominants qui donnent une idée de l'univers mental du poète.

Le corps décomposé

Le corps est très présent, mais il est le plus souvent décomposé, c'est-à-dire à la fois détaillé en ses parties et pourrissant.

Dans le meilleur des cas, les parties du corps évoquent la sensualité (peau, poitrine, gorge, bras, mains, cheveux). Mais l'érotisme n'a qu'un temps et est toujours rattrapé par la déliquescence des chairs, sous lesquelles on devine les os (squelette, crâne, clavicules, vertèbres), fût-ce au toucher de l'une ou l'autre partie saillante (côtes, genoux) ou d'excroissances menaçantes (dents, ongles, griffes). Sans oublier les parties internes (entrailles, intestins, rate, cœur, cerveau) et les fonctions triviales (vomissement, cracher, sueur, puer, baiser, manger, riboter).

Le sang est aussi fort présent, qui s'écoule, symbole d'une vie s'échappant peu à peu du corps tandis qu'y entre le mal, les forces de mort (« L'Ennemi »). Car le corps, organique et vivant, appelle son contraire, ou plutôt ce qui le détruit : la maladie. Aussi trouve-t-on bon lot de chloroses, d'hydropiques, de phtisiques, de nausées, de chancres, de râles, d'agonisants. Tous les signes d'une mort qui étend sur la vie sa domination.

Tous les poètes ont chanté la mort, mais peu se sont aventurés au-delà et ont décrit le devenir des corps après trépas. Baudelaire n'hésite pas, quant à lui, à évoquer les cadavres, la charogne, les carcasses, la pourriture, les miasmes, la putridité, et à s'aventurer dans la fosse commune, à laquelle il compare d'ailleurs son propre cerveau.

La nature mauvaise

Accompagnant la pourriture des chairs, la vermine grouillante apparaît elle aussi à de nombreuses reprises : ce sont vers, vermisseaux, cafards, escargots, helminthes, punaises. Quant aux autres animaux, ils sont tous sombres et menaçants : panthères, chacals, lices, onces, chats-pards, singes, scorpions, vautours, serpents, chauves-souris, araignées. Baudelaire ne chante certes pas les petits oiseaux. Il ne chante d'ailleurs que très peu la nature, qu'il n'aime pas, préférant les paysages minéraux, de préférence construits, autrement dit urbains.

En fait, la nature l'effraie, car elle le dépasse : les saisons lui rappellent le temps qui passe, irrémédiable ; l'océan, par son tumulte, lui rappelle son propre désordre intérieur ; les bois évoquent des cathédrales (« Obsession »). Le soleil « cruel » et la lune « en sa langueur oisive » n'apportent nul réconfort. Par-delà ses incarnations vivantes, la nature baudelairienne relève en fait surtout d'un concept philosophique : elle est le voile des illusions, ce qu'il faut déchirer pour atteindre le sens caché des choses (« Correspondances »).

Les seules fois où Baudelaire nous laisse entrevoir une nature réellement végétale, c'est pour planter le décor de ses rêves d'ailleurs et d'évasion, où poussent myrtes, tamariniers, hyacinthes et cyprès.

L'exotisme

Désireux de s'évader, le poète se voit bien s'envoler dans les airs (« Élévation ») ou appareiller au loin. On retrouve ainsi plusieurs mots relatifs à la marine : voiles, vergues, mâts, bateau, navire, vaisseau, brick, tartane, frégate, gabare, rameurs, port. La destination ? N'importe où hors de ce monde ! (pour traduire le titre d'un de ses poèmes en prose, « Anywhere out of this world ») Contrées très lointaines (Abyssinie, Cafrerie, Gange, Palmyre, Lesbos), voire mythiques (Babel, Cythère, Eldorado, Icarie, Capoue). Un certain orientalisme est parfois de mise (oasis, bayadère, houka). Mais les nombreuses références à la mythologie, grecque notamment, laissent à penser qu'ailleurs renvoie aussi et surtout à un autre temps (enfance, vie antérieure, âge d'or) (« La Vie antérieure »).

La principale source d'exotisme pour Baudelaire, ce sont encore les essences et les parfums (« Parfum exotique » est d'ailleurs le titre d'un poème). Partout, ce ne sont qu'ambre, musc, benjoin, oliban, nard, ambroisie, nectar, encens, myrrhe, huile de coco, goudron, élixirs. On comprend que le sens le plus exploité dans les *Fleurs du mal* soit l'odorat.

CORRESPONDANCES ET RÔLE DU POÈTE

Si l'odorat est très présent, les autres sens ne sont pas pour autant oubliés : le toucher par les caresses ou la douleur, l'ouïe par les sons déclencheurs de souvenirs, la vue par les couleurs, le goût par la faim.

> « Comme de longs échos qui de loin se confondent [...]
> Les parfums, les couleurs et les sons se répondent. » (IV, « Correspondances »)

Tous les sens se répondent les uns les autres, se mêlent pour créer une perception totale, indifférenciée du monde : ce sont les synesthésies (équivalences sensorielles) ou correspondances horizontales. Un parfum appelle un son, une couleur appelle une sensation. C'est là une des principales nouveautés de la poésie baudelairienne : une nouvelle manière de sentir le monde, une nouvelle voie de la connaissance.

Mais chaque sens n'apporte qu'une information partielle ; c'est en combinant les informations qu'on peut espérer atteindre une vérité supérieure. Aussi le poète doit-il se montrer ouvert aux sensations que l'univers lui procure, afin de collecter les signes dans leur diversité et de faire surgir du chaos d'ici-bas l'unité profonde de l'univers. Ainsi seulement peut-il arriver à une réalité au-dessus de la réalité, une sur-réalité. Ce sont les correspondances verticales. Le monde n'est qu'illusions ; la matière est apparence ; le langage est mensonge ; la représentation cache le sens : le rôle du poète est de chercher un sens au-delà de l'illusion, du mensonge et de la représentation. Sa patrie, c'est l'invisible et l'indicible. Toute sa difficulté, son impossible mission réside dans ce paradoxe : exprimer par les mots ce qui, précisément, les dépasse, autrement dit suggérer un au-delà idéal. S'il existe une vérité, elle réside dans le monde des idées. On voit que Baudelaire se réclame d'une philosophie idéaliste héritée de Platon (427-vers 348/347 av. J.-C.), et que reprendront après lui les symbolistes.

Avec lui, c'est tout le rôle du poète qui se trouve remodelé depuis que les romantiques en avaient fait un voyant, un mage, un éclaireur de l'humanité. Baudelaire en ferait plutôt un chamane. Intermédiaire entre la Nature (comprenez : l'univers sensible) et les Hommes, il interprète les signes de l'une pour ouvrir aux autres de nouveaux modes de compréhension (« Alchimie de la douleur »). La Nature recèle un ordre caché que seul le poète peut décoder. Lui seul est, par sa nature, à même de ressentir intimement ce monde sensible.

Mais cette prédisposition est aussi une malédiction, car, aussi béné-fique que soit le rôle du poète, il reste incompris dans un monde moderne gouverné par des valeurs bourgeoises et positivistes.

La volonté de retrouver l'unité cachée de l'univers rejoint le désir d'un paradis perdu, c'est-à-dire un monde harmonieux, unifié, où tout fait sens et se répond, où tout est à sa place.

STYLE

ENTRE CLASSICISME...

Stylistiquement, *Les Fleurs du mal* se présentent à cheval sur deux époques. Par la forme générale des poèmes, elles relèvent encore d'un certain classicisme. En effet, une grande partie sont des sonnets, forme régulière et codifiée très prisée par les poètes français depuis la Renaissance. Ceux-ci sont traditionnellement composés de deux strophes de quatre vers (les quatrains) et de deux strophes de trois vers (les tercets). De plus, au niveau du vers, c'est l'alexandrin (douze pieds) qui domine sur sept dixièmes du recueil, suivi par l'octosyllabe (deux dixièmes). Peu de libertés sont prises avec la prosodie classique : ainsi, la césure à l'hémistiche est toujours respectée (pas de mot qui enjambe les 6e et 7e pieds), de même que l'alternance entre rimes féminines et masculines.

Plus généralement, Baudelaire affectionne les contraintes formelles : comme beaucoup d'artistes, c'est en se pliant à un carcan qu'il déploie le mieux son inspiration. Dans certains poèmes qui ne sont pas des sonnets, il aime jouer sur la répétition de certains vers qui reviennent à intervalles réguliers, comme s'il récitait une prière ou une litanie. L'exercice peut prendre une tournure extrême, comme dans « Harmonie du soir », qui adopte la forme rare du pantoum.

QU'EST-CE QU'UN PANTOUM ?

Un pantoum est composé de quatrains à rimes croisées (ABAB) dont les deuxièmes et quatrièmes vers de chaque strophe sont repris comme premier et troisième vers de la strophe suivante. Voici un exemple tiré des *Fleurs du mal* de Baudelaire, « Harmonie du soir » :

> « Voici venir les temps où vibrant sur sa tige
> Chaque fleur s'évapore ainsi qu'un encensoir ;
> Les sons et les parfums tournent dans l'air du soir ;
> Valse mélancolique et langoureux vertige !
>
> Chaque fleur s'évapore ainsi qu'un encensoir ;
> Le violon frémit comme un cœur qu'on afflige ;
> Valse mélancolique et langoureux vertige !
> Le ciel est triste et beau comme un grand reposoir.
>
> Le violon frémit comme un cœur qu'on afflige,
> Un cœur tendre, qui hait le néant vaste et noir !
> Le ciel est triste et beau comme un grand reposoir ;
> Le soleil s'est noyé dans son sang qui se fige.
>
> Un cœur tendre, qui hait le néant vaste et noir,
> Du passé lumineux recueille tout vestige !
> Le soleil s'est noyé dans son sang qui se fige...
> Ton souvenir en moi luit comme un ostensoir ! »

Certaines de ses figures de style relèvent également d'une tradition ancienne, comme l'allégorie et la prosopopée.

... ET MODERNITÉ

En revanche, son inspiration est, elle, résolument moderne. Par les thèmes qu'il décline, par le ton qu'il emploie, par la vision du monde qui se dégage de l'ensemble, Baudelaire emprunte des chemins jusque-là jamais explorés.

Sous l'analyse, la forme même se révèle en fin de compte pas si classique qu'on voulait d'abord le penser. Les associations d'idées (métaphores, comparaisons, analogies, oxymores) qu'il met en place sont d'une audace jamais vue auparavant (beautés d'hôpital, noire Sibérie, charmes de l'horreur, cadavres vernissés, lovelaces chenus, fangeuse grandeur, sublime ignominie). De même, le jeu sur les sonorités (rimes, allitérations, assonances) révèle un travail acharné sur la langue, comme dans le poème « Les Petites Vieilles », dans lequel l'on trouve de nombreuses allitérations en « s » :

> « Ces monstres disloqués furent jadis des femmes,
> Éponine ou Laïs ! Monstres brisés, bossus [...] »

Du reste, tous les poèmes ne sont pas non plus des sonnets. Beaucoup adoptent des formes moins strictes, quoique toujours régulières (souvent des suites de quatrains, sur le modèle de l'ode), d'autres des structures plus libres encore. Les sonnets eux-mêmes s'écartent souvent, bien que discrètement, des pures règles canoniques.

Enfin, par le vocabulaire qu'il emploie, Baudelaire se montre tellement moderne qu'il choque ses contemporains, outrés de voir assemblés sous la même plume des mots nobles, voire rares (calentures, népenthès, dictame, fanaux, bayadère, gouge, futailles, busc, tympanon, églogues), et des mots triviaux renvoyant à des réalités quotidiennes, sinon honteuses (soupiraux, cuisines, fange, limon, cadavres, pourriture, putain, catin, lupanars, etc.). Surtout, l'association de termes religieux à un vocabulaire érotique ou satanique a été de nature à mettre le feu aux poudres des consciences.

UNE POÉSIE DENSE

Modernes ou classiques, les poèmes des *Fleurs du mal* ont en tout cas comme point commun d'être tous relativement brefs. Privilégiant la qualité à la quantité, le poète concentre son expression sur quelques lignes au lieu de s'étendre sur des pages et des pages. En revanche, il cisèle chacun de ses vers comme s'il s'agissait d'une pierre précieuse de sorte que chaque poème ressorte dans l'ensemble comme un bijou sur une parure. L'infinie richesse des *Fleurs du mal* se trouve dans cette inépuisable complexité des motifs et des formes, qu'on peut passer son temps à méditer, à répéter, à étudier sans jamais en épuiser le sens et le potentiel évocateur.

Car la poésie baudelairienne est une poésie évocatoire, et non purement descriptive : il ne dit pas les choses, mais les suggère ; il ne donne pas à voir, mais à sentir. Qui dira le sens exact caché derrière un parfum ? Il y a là une zone de subjectivité où l'intention de l'auteur s'estompe au profit de l'interprétation du lecteur, qui y trouvera, génération après génération, matière à alimenter sa propre sensibilité. Pour s'en rendre compte, il suffit d'imaginer ce que donnerait la mise en images d'un de ces poèmes : probablement pas grand-chose. Ici plus que jamais, la lettre affirme sa supériorité sur l'image.

LA MUSICALITÉ DU STYLE BAUDELAIRIEN

Un autre aspect du grand effort que le poète a porté sur la forme de ses poèmes est leur grande musicalité, leur rythme. Bien sûr, l'alexandrin classique et le jeu des rimes y tiennent une bonne part. Mais Baudelaire aime aussi à répéter certaines structures syntaxiques. « Le Vampire » en est un bon exemple. Parfois, c'est une énumération qui donne au vers un son de marche en avant (« Au lecteur »). À d'autres moments, le poème s'apparente à une prière ou une litanie, fût-elle adressée à Satan (« Les Litanies de Satan »).

Souvent, de longues phrases s'étendent sur plusieurs vers, voire plusieurs strophes, ménageant une lente et implacable montée (la protase), atteignant un climax, puis s'effondrant dans une chute irrémédiable (l'apodose). Ces effets obligent le lecteur à infléchir son souffle en conséquence s'il veut dire le poème avec justesse. Car il va sans dire que les *Fleurs du mal* sont faites pour être lues à voix haute ! Leur côté incantatoire donne au récitant l'allure d'un officiant de messe noire ou d'un ténébreux amant qui n'est pas sans rappeler le narrateur du *Corbeau* de Poe.

UN LYRISME DÉPERSONNALISÉ

Pour bien comprendre l'originalité du style baudelairien, il faut le mettre en rapport avec ses prédécesseurs en poésie que sont les romantiques, et ses contemporains que sont les parnassiens.

La poésie romantique était, à un très haut degré, lyrique, à savoir qu'elle accordait une place prédominante à l'expression des passions, des émotions et des sentiments personnels. Le moi du poète était au centre de son inspiration. Alors que le courant romantique s'essouffle, le Parnasse prend la relève et prône un idéal contraire : celui d'une poésie détachée du sentiment, peignant des tableaux d'où le poète est absent, ciselant la phrase comme on taille une pierre, un bijou ou une sculpture.

Baudelaire a de parnassien le rejet de l'exaltation romantique des passions, ainsi qu'une conception de la Beauté qui ne trouverait son sens nulle part ailleurs qu'en elle-même, c'est-à-dire détachée de tout souci d'utilité, de vérité ou de morale. Mais sa poésie reste malgré tout marquée par une certaine forme de lyrisme. Seulement, ce lyrisme n'a plus pour sujet le poète en tant qu'individu, en tant que « je » pensant et ressentant : Baudelaire vide le « je » de sa propre personne et lui donne l'universalité d'un « je » qui serait tout homme. Il faut voir combien de phrases des *Fleurs du mal* se rapportent directement à un « je » sujet : très peu. Baudelaire met la poésie à distance de lui-même, écrivant souvent à la troisième personne, ou, quand il écrit à la première, n'usant que de métaphores et d'analogies, jamais de sentiments directement exprimés (voir le poème « Spleen » commençant par « Je suis comme le roi d'un pays pluvieux... »). Au lieu de parler immédiatement de lui, il projette ses états d'âme sur le monde qui l'entoure, investissant les objets d'une vie qu'ils n'ont pas et les faisant parler pour lui. Ainsi, dans un autre poème « Spleen », on peut lire : « Quand la terre est changée en un cachot humide » et plus loin : « Des cloches tout à coup sautent avec furie/ Et lancent vers le ciel un affreux hurlement » ; la terre-cachot et les cloches hurlantes ne sont bien sûr que des incarnations du mal-être du poète, dont la personne apparaît discrètement à la fin du poème, à travers deux adjectifs possessifs. Parfois, il fait même parler un objet ou une idée : un crâne, une pipe, du vin, la Beauté (une figure nommée prosopopée).

LE MÉLANGE DES TONS

L'ironie

Là où Baudelaire se démarque le plus de ses prédécesseurs et de ses confrères, c'est par le ton qu'il emploie, ou plutôt par la multitude des tons qu'il affecte. Autant le poète semble parfois sincère, autant il semble à d'autres moments rire de lui-même. C'est ce mélange de lyrisme et d'ironie qui fait l'originalité du ton baudelairien. Au demeurant, il reflète le déchirement intérieur du poète, qui tantôt semble animé d'un sentiment véritable, tantôt observe son sentiment de haut, comme en dehors de lui-même. Le poète chante, mais en même temps critique son chant, comme s'il était sans cesse en face d'un miroir.

La parodie

Baudelaire ne prend pas seulement le contrepied des romantiques. Il va aussi chercher chez les poètes de la Pléiade (du Bellay, 1522-1560 ; Ronsard, 1524-1585) des modèles à tourner en dérision. Ainsi s'amuse-t-il dans plusieurs poèmes à détourner les genres classiques dont ces poètes usaient, comme l'élégie, l'églogue, l'ode, le blason. « Une charogne » ressemble beaucoup à un éloge du corps féminin dans la tradition du blason, sauf qu'il s'agit ici de dépeindre une carcasse de cheval mangée par les vers ! De même, « Remords posthume » rappelle le « Sonnet à Hélène », si ce n'est qu'il pousse Hélène jusque dans le tombeau où elle se fait manger des vers !

La caricature

Par moments, le trait de son crayon grossit jusqu'à peindre des personnages ou des situations grotesques, proches de la caricature. Qu'on pense aux figures croisées dans les « Tableaux parisiens » : mendiante, vieillards, petites vieilles, aveugles, mais aussi les « Bohémiens en voyage ». Il y a dans ces personnages quelque chose de breughélien, en tout cas de baroque. Il n'est pas étonnant à ce titre que Baudelaire ait précisément connu par Gautier les poètes dits « grotesques » du XVIIe siècle, comme Marc-Antoine Girard de Saint-Amant (1594-1661). Certaines pièces ont un côté pictural indéniable : on évoquait Breughel (vers 1525/1530-1569), mais il faudrait plus encore visualiser les gravures de Dürer (1471-1528), de Callot (1592-1635), du Piranèse (1720-1778), de Gavarni (1804-1866).

Le frénétisme

Dans un esprit proche de la caricature, le frénétisme baudelairien va cette fois trouver ses sources chez les « petits romantiques » du début du XIXe siècle, chez les gothiques anglais de la fin du XVIIIe siècle, et, bien sûr, dans le romantisme noir d'un Edgar Poe. Il se caractérise par une exagération des pulsions morbides, une noirceur extrême qui frise l'incroyable et cherche surtout à choquer. Le poète, dans un accès de théâtralité, veut passer pour un fou furieux, un illuminé en contact direct avec Belzébuth. L'extrémité des passions va jusqu'au sadisme, au masochisme, à la nécrophilie (« Une martyre »).

Cependant, ces mises en scène grand-guignolesques du vice soulignent la limite d'une attribution des perversions dépeintes au poète lui-même. Baudelaire joue le dément, mais c'est un masque qui lui permet avant tout de montrer les vices du monde. En vrai dandy, il affecte des poses obscènes pour le seul plaisir de choquer, non parce qu'elles reflèteraient son vrai comportement.

RÉCEPTION DE L'ŒUVRE

LES CONTEMPORAINS

Si elles sont aujourd'hui considérées comme l'un des plus impor-
tants recueils de poésie du XIXᵉ siècle et même de l'histoire de la
poésie française, *Les Fleurs du mal* sont longtemps restées une œuvre
d'avant-garde, peu connue en dehors du cercle des lettrés, mais hau-
tement appréciée par quelques-uns d'entre eux, autrement dit une
œuvre « culte ». Certes, les esprits prudes du temps ont été prompts
à lever leurs boucliers face à cette poésie incendiaire qu'ils jugeaient
sacrilège. Il en a même résulté pour l'auteur et son éditeur un procès
suite auquel une mention de censure a été rendue, accompagnée
d'une condamnation financière.

Le jugement continue de marquer l'année 1857 d'une pierre noire
dans l'histoire littéraire, d'autant plus lourde que c'est aussi l'année
du procès de *Madame Bovary*. Aujourd'hui, on n'imagine guère
plus possible ce genre d'affaires, comme on n'imagine plus qu'il
ait pu exister des esprits pour juger les *Fleurs du mal* de Baudelaire
une poésie médiocre. C'était pourtant l'avis de Prosper Mérimée
(1803-1870). Sainte-Beuve (1804-1869) émet quant à lui un avis mitigé
teinté de condescendance. Parmi les écrivains défenseurs, on compte
Flaubert, Hugo, et bien sûr l'ami Gautier. Enfin, Barbey d'Aurevilly
semble avoir été l'un des premiers à véritablement pénétrer la philosophie baudelairienne.

des gens de lettres, la chambre criminelle de la Cour de cassation a annulé le jugement de 1857. On appréciera à sa juste valeur cette adaptation, près d'un siècle après coup, de la réalité judiciaire à la réalité littéraire...

LES SUCCESSEURS

Avec le temps, le mépris a laissé place à l'admiration, en particulier auprès des écrivains de la génération fin-de-siècle (dernier quart du XIXe siècle) : Arthur Rimbaud (1854-1891), qui voit en lui le « premier voyant, roi des poètes, un vrai Dieu », mais aussi Stéphane Mallarmé (1842-1898), Paul Verlaine (1844-1896), Marcel Proust (1871-1922), les décadents et les symbolistes.

C'est par l'intermédiaire de Paul Bourget (1852-1935), dans son *Essai de psychologie contemporaine* (1883), que s'est établie, à partir de la poésie baudelairienne, une conscience de la décadence qui est à la source du mouvement décadent, puis symboliste, de cette fin de siècle. Avant Bourget déjà, Gautier avait esquissé, dans sa préface aux *Fleurs du mal* de 1868, une esthétique (encore toute impressionniste) de la décadence, évoquant un « style ingénieux, compliqué, savant, plein de nuances et de recherches, reculant toujours les bornes de la langue, empruntant à tous les vocabulaires techniques, prenant des couleurs à toutes les palettes, des notes à tous les claviers, s'efforçant à rendre la pensée dans ce qu'elle a de plus ineffable, et la forme en ses contours les plus vagues et les plus fuyants, écoutant pour les traduire les confidences subtiles de la névrose, les aveux de la passion vieillissante qui se déprave et les hallucinations bizarres de l'idée fixe tournant à la folie ».

LA POSTÉRITÉ

Le flambeau ne s'est pas éteint avec eux, et les *Fleurs du mal* ont continué de grandir dans l'estime des écrivains et du public tout au long du XXe siècle, relayées par des personnalités comme Paul Valéry (1871-1945), André Breton (1896-1966) et Yves Bonnefoy (né en 1923).

Valéry se présente tout spécialement comme un émule de Baudelaire, en qui il admire le défenseur de l'art pour l'art et le travailleur de la langue. Comme lui, il considère que la plus grande partie du travail de création réside, non pas dans l'étincelle de l'inspiration, mais dans le lent et patient travail sur le matériau langagier. C'est en cherchant un « langage dans le langage » que le poète accomplit sa quête. Cette vision d'une poésie critique, consciente d'elle-même, reflète parfaitement les recherches littéraires du XXe siècle, tout attaché à remettre en question les modèles légués par les ancêtres et à triturer la langue sous toutes ses coutures. Au point que la poésie passe aujourd'hui presque exclusivement pour un jeu langagier, et non plus pour une quelconque expression des sentiments du poète. À tout le moins ne peut-elle désormais plus faire l'impasse sur la dimension formelle du rapport aux mots.

Les avis négatifs continuent cependant d'exister. Ainsi, Jean-Paul Sartre (1905-1980) fait parler de lui par son essai sur Baudelaire qu'il traite sans ménagement.

Si on prend encore la peine de les lire attentivement, les *Fleurs du mal* n'ont nullement perdu de leur force. Leur côté sulfureux reste tout à fait perceptible, et on imagine fort bien des esprits chastes, pour ne pas dire chrétiens, s'en offusquer, en ces temps où la pruderie semble reprendre vigueur. Mais qu'on juge surtout de l'influence de Baudelaire sur toute la culture française actuelle par la place qu'a prise dans notre perception du monde le spleen, un concept aujourd'hui banal. De même, toute une veine poétique post-romantique, celle qui chante la bohème parisienne, le malheur et l'insouciance de l'artiste, le mystère des chats et de la femme, les consolations éphémères trouvées dans les paradis artificiels, trouve en Baudelaire son premier inspirateur, toujours bien vivace et toujours très lu. Avec lui, c'est toute une vision de l'artiste qui a pris forme et qui continue de sévir : celle du poète maudit, voué à l'incompréhension dans un monde aux valeurs bourgeoises. En somme, peu a changé, ou du moins continuons-nous à voir les choses de la même manière.

Votre avis nous intéresse !

Laissez un commentaire sur le site de votre librairie en ligne et partagez vos coups de cœur sur les réseaux sociaux !

BIBLIOGRAPHIE

SOURCES BIBLIOGRAPHIQUES

- BAUDELAIRE (Charles), *Œuvres complètes. 1*, texte établi, présenté et annoté par Claude Pichois, Paris, Gallimard, coll. « Bibliothèque de la Pléiade », 1975.
- BAUDELAIRE (Charles), *Les Fleurs du mal*, dossier d'Henri Scepi, Paris, Belin-Gallimard, 2009.
- BAUDELAIRE (Charles), *Les Fleurs du mal*, notes, questionnaires et synthèses par Yvon Le Scanff, Paris, Hachette, 2014.
- BARONIAN (Jean-Baptiste), *Baudelaire*, Paris, Gallimard, 2006.
- BONNEVILLE (Georges), Les Fleurs du mal *[de] Baudelaire : analyse critique*, Paris, Hatier, 1985.
- KOPP (Robert), *Baudelaire : le soleil noir de la modernité*, Paris, Gallimard, 2004.

SOURCE ICONOGRAPHIQUE

- Portrait de Charles Baudelaire par Étienne Carjat, vers 1862. La photo reproduite est réputée libre de droits.

Éditeur responsable : Lemaitre Publishing
Avenue de la Couronne 382 | B-1050 Bruxelles
info@lemaitre-editions.com

ISBN ebook : 978-2-8062-6867-9
ISBN papier : 978-2-8062-6868-6
Dépôt légal : D/2016/12603/112